Lasse Los

Jetztseits leben

Lasse Los, Jahrgang 1947, Diplompädagoge und Psychologe, Liedermacher und Dichtender, kurzum: Passionierter und mittlerweile pensionierter Mitmensch, beruflich in verschiedenen sozialpädagogischen und psychologisch beratenden Feldern, auch spirituell begleitend, kreativ tätig gewesen, seit etwa dreißig Jahren seine Lebensweisheiten (ver)-dichtend aktiv.

Gegenwärtig leben!
Oder:
Jederzeit jetztseits!

„Gegenwärtig leben!" Es gilt jederzeit.
Weder an der Zukunft kleben
noch an der Vergangenheit.

Denn wenn beide sich
dem Jetztseits nicht vererben,
werden sie - sich selbst verhaftend -
jenes Leben nur verderben.

Doch wenn sie dem Jetztseits
dienend sich verdingen,
werden sie die Gegenwart
leuchtender zur Blüte bringen.

(Angeregt durch einen Text von dem Philosophen Karl JASPERS:

„Jederzeit gilt: Gegenwärtig leben, weder an Vergangenheit noch an Zukunft sich verlieren. Wenn beide die Gegenwart nicht steigern, verderben sie sie."

In: Der philosophische Glaube angesichts der Offenbarung, München 1962, 1984 3.Aufl., S.428)

Lasse Los

Jetztseits leben

Gedichte und Texte

Bibliografische Information der Deutschen Nationalbibliothek:
Die Deutsche Nationalbibliothek verzeichnet diese Publikation in der
Deutschen Nationalbibliografie; detaillierte bibliografische Daten sind im
Internet über http://dnb.dnb.de abrufbar.

Umschlaggestaltung: Lasse Los
Edition LOS Band 9
lasselos@email.de

Herstellung und Verlag:
BoD - Books on Demand,
Norderstedt

ISBN: 978-3-7504-1426-6

Im Diesseits jetztseits

Im

vielseitigen Diesseits

das

allseitige

JETZTSEITS

Lasse Los

Inhalt   Seite

(Zwölf Bände mit Gedichten, Briefen, Texten,
Wort-Bildern, Liedern, Musik-Text-
Collagen und Music-Textivals
zu verschiedenen
THEMEN)

Vorwort

„Jetztseits" ist ein Wort, dass die Schriftstellerin Luise Rinser in einem Brief an den Theologen Karl Rahner kreiert hat.*

„Ganz entspannt im Hier-und-Jetzt" hieß es seit den 70er Jahren bei Osho, dem indischen Guru, und seiner Bewegung. Das hat die Werbung heute geschickt aufgegriffen, um mögliche Konsumenten für ihre umworbenen Produkte zu gewinnen.

Mit „Jetztseits leben" ist aber viel mehr gemeint: Ein gutes sinnvolles gelingendes Leben aus der Kraft der GEGENWART!

Es ist das Thema aller meiner Bücher, jeweils mit unterschiedlichen Schwerpunkten und verschiedenen Titeln. **

Ich BIN transpostmodern

Ich bin kein moderner Dichter
und auch nicht ein postmoderner.
Ihr sollt das, Ihr Lyrik-Richter,
mitbedenken. Unter ferner
laufe ich mit meinem Dichten.

Ich umkreise GEGENWART,
will mir die PRÄSENZ aufrichten.
Schreiben soll zur LEBENs-Art
mich hinführ'n, mich aufrichten.

Es holt mich aus meiner Ferne,
schenkt mir täglich neuen Start
in die Trans-Postmoderne,
jetztseits der Beliebigkeiten,
die mich jetzt nicht mehr verleiten.

Jetztseits: Unter diesem Stern
bin ich transpostmodern.

In diesem Gedichtband entfalte ich das Thema in drei Schritten: Jetztseits im Erleben - Jetztseits im Leben - Jetztseits im Leiden.

Für mein eigenes Leben ist es wichtig, dies nicht nur zu beschreiben, sondern es auch in immer neuen Versuchen zu leben. Darin übe ich mich nun schon seit vielen Jahren. Dabei helfen mir so manche mantramäßigen Wiederholungen, die zum Innehalten anregen. Wer die Texte nur flüchtig liest, sollte sich daran nicht stören.

* *In: Luise Rinser. Gratwanderung. Briefe der Freundschaft an Karl Rahner - München 1994, S. 257, Brief vom 09.11.1964*

** *Siehe dazu unter: „Bisher in der Reihe Edition LOS erschienen" am Ende des Buches S. 110f*

Jetztseits leben

Jetzt-
seits leben!
Ach, so vielen
wäre es gegeben!
Wenn sie sich
nicht
mehr verspinnen, mehr verkleben würden, seitwärts,
zeitwärts sich verdünnen, abwärts rinnen,
ohne zu gewahren, was
sich innen in
der Stille
ihnen
offenbaren
könnte, wenn
sie es nur ließen,
was da sprießen will und
sich erheben: Jetztseits leben!

Prolog

Es ist nicht
zu
fassen

Jetztseits?
Es ist nicht zu fassen.
Du kannst Dich nur
von ihm erfassen
und durchlösen
lassen.

VOLLES LEBEN

Jetztseits nur ist VOLLES LEBEN.
Gestern ist kein Morgenrot mehr,
gestern ist vergeben.

Morgen ist nur vorgegeben.
Morgen bist Du wohl schon tot?
Oder auch erst übermorgen?

LEBEN kannst Du Dir nicht borgen.
LEBEN kannst Du nicht besorgen.
LEBEN IST im Jetztseits nur.

Wer
zu spät
kommt

Dir bietet

das Leben Gelegenheiten

zur Begegnung in höherer Intensität.

Zwar selten nur, zu besonderen Zeiten.

Verweigerst Du Dich, ist es bald schon zu spät.

Ergreifst Du die Chance nicht, die Dich lockt,

und tust so, als wär`s ein normales Event

und nicht ein erhebender Kairos-Moment,

hast Du wieder LEBEN im Leben geblockt.

Am schlimmsten ist

es wohl, wenn Du`s gar nicht merkst

und weiterhin lebst, als wär` nichts geschehen

und weiter so strebst, wie Du Dich stets verwirkst,

in Ego-Trance suchst,   Deine Welt zu bestehen.

Not-wendender   Worte-Hort

Der Aufstieg auf den Gipfel, er wird steiler!
So manch` einer erreicht doch nur die Alm
und kehrt zurück ins Tal in seinen Weiler,
lässt sich vernebeln vom heimatlichen Qualm.

Doch ich will auf des Berges höchsten Gipfel!
Und vorher kehr` ich nicht ins Tal zurück!
Zu eng ist mir das zünftige Gezipfel.
Ich such` den panoramaoffenen Blick.

Getränkt mit allen Sichten
werd` ich heimkehren
und weiterleben
am ver-
trauten Ort,
entwerfe Euch den
not-wendenden Worte-Hort,
um das Befreiende im Worte zu ehren.

<u>Jetztseits im Erleben</u>

WAS IST JETZT ?

Halt

inne und gewahre es:

Was Du erreichen willst, kommt später.

Was Dich erreichen

will,

I S T

J E T Z T !

Frühkindliches
PRÄSENZ-Widerfahrnis

Als ich im frohen Kinderspiel
mit einer rostigen Gabel fiel,
sie mir jäh in die Wange stach,
mir meine Kinderwelt zerbrach.

Und ich den ersten Tod erstarb,
in dem DAS-JENE um mich warb,
das nicht vergeht, wenn wir vergehen,
A U S D E M wir wieder auferstehen.

Ich schaute: Ich kann ihm vertrauen,
I N I H M mein Leben auferbauen.
Ich werd` noch manche Tode sterben,
in ihnen aber nicht verderben.

Das schenkte mir die LEBENskraft,
aus dem heraus ich das geschafft,
was ich bisher geschaffen habe
als meine eigene Morgengabe
an die zukünftige Menschheit.

Im Staunen bin ich freigesetzt

Und plötzlich schneit es und ich staune,
wie zart und sanft die Flocken fallen.
Und schon hör` ich in mir Geraune,
ein ankommendes Widerhallen
von kindlichen Erinnerungen
an winterliche Freudenzeiten.
Die Sehnsucht ist mit
angeklungen.
Sie will
ins Kindsein mich verleiten.
Und plötzlich sehe ich den Schnee
im Lichte dessen, der den Geh-
weg fegen muss und ihn bestreuen,
damit auch niemand nach dem Schneien
im Gehen ausrutscht, sich verletzt.
Schon wird das Schnei`n neu eingeschätzt
als winterliche Last, die bindet
und mich mit Zusatz-Arbeit schindet.
Und plötzlich wird es mir bewusst:
Nach Winterfreuden, Winterfrust
seh` ich es einfach nur noch
schneien und staune.
Die Erinnerung
und auch meine Verantwortung
könn`n mir das Staunen nicht entweihen.
Es öffnet sich Mir - Hier - und - Jetzt.
Im Staunen bin ich freigesetzt!
Und plötzlich ist mir offenbar:
Von der Erinnerung gebannt
und nur der Zukunft zugewandt
vernebeln wir - so wird mir klar -
was immer ist - im Augenblick,
der sich uns überraschend schenkt:
Im Staunen ungeahntes Glück,
das uns im Jetztseits neu umfängt
als - das - Präsent, - präsent - zu – leben.

In: „Lasse Los: Im Staunen bin ich freigesetzt",
S. 72, Edition LOS Band 1, BoD Norderstedt 2016

Befreiter leben!

Ich saß im Wald auf einer Bank,
genoss die würzige Natur.
Und es erfüllte mich ein Dank,
es streichelte mich LEBEN - PUR.

Da sah ich rechts den Fichtenwald,
gepflanzt als Mono-Holz-Kultur.
Ein Schauder überfiel mich kalt,
ein Gleichnis-Schrecken mich durchfuhr.

Der hochmodern(d)e Lebensstil
stand gleichnishaft vor meinen Augen:
Uns für Profite auszulaugen
als tödliches Gesellschaftsspiel!

Die Fichten überlebten nur
durch Wettkampf um die Höhenluft.
Die Kronen ragten aus der Gruft
der abgestorb`nen Astkultur.

Der-Höher-Größer-Schneller-Wahn
verführt uns in den falschen Traum,
verwuchert uns den Lebensraum:
Wir enden auf der Todesbahn!

Die Fichten haben nur die Qual,
verkümmert möglichst hoch zu streben.
Doch uns bleibt immer noch die Wahl:
Wir soll(t)en, könn(t)en, dürf(t)en auch,
wenn wir es woll`n: Befreiter leben!

In: „Lasse Los: Seid Ihr noch zu retten?" S. 119,
Edition LOS Band 4, BoD Nordersted 2016

Blumenweise

Was mit der Blume durch sie spricht:
„Ganz einfach sein und blühen!"
springt mir ins wartende Gedicht,
ganz ohne mein Bemühen.

Und ich bin da und staune nur,
wie sich die Dinge fügen.
Es atmet mich ureigner Schwur,
zu lassen, nicht zu siegen.

Und ich gewahre mich vereint
mit meinem eigenen Blühen.
Und bin mir nicht mehr spinnefeind,
ganz ohne mein Bemühen.

Und einen Augenblick entlang

Und
plötzlich hör`
ich einen Klang!
Und einen Augenblick ent-
lang BIN - ICH - DER - KLANG,
dann Lauschender, dann Übers(t)ehen-
wollender. Und schon hab` ich den
Klang benannt. Schon ist er nicht
mehr unbekannt. Schon bin ich
wieder neu getrennt von DEM,
was SICH als Klang bekennt.
Und bin erneut in Sicherheit
vor DEM, was mir die Uhrenzeit
durchlöchert, mich in ihr entthront,
in dem ES - MICH - MIT - SICH ver-
tont.

Nada Brahma*

An
ihrem blumen-
geschmückten Balkon trifft
unerwartet   mich   ein   Archephon.
Es singt im Nu die ganze Blumenpracht.
Sie nickt zum Gruße. „Ach, wie schön!" ruf ich.
Sie lacht und freut sich wie ein frisch beschenktes
Kind.
Durch ihre Haare streunt ein sommerlicher Wind.
Und einen Augenblick gewahr`n wir uns verbunden
im Seelenreich, das durch erwachte Augen blickt.
Und während wir uns schauen, entrückt
es schon und ist bald im Fremdel-
gang verschwunden.
Ich gehe weiter.
Und
ich
fühle
m i c h
beschenkt,
bis mich die
Alltagstrance
erneut mit sich
ver/fa/engt.

Das Augen-Ohr der Kontemplation

Das dritte Auge, das dritte Ohr, das Augen-Ohr der
Kontemplation: Es sieht, es hört den Jetztseits-Ton
im polyphonen Weltenchor. Im Jetztseits schaut es,
was da klingt: Das tragik-tragende Vertrauen!
Es raunt uns zu, in ihm zu bauen,
damit das Leben freier schwingt.

Die Welt ist Klang

Engel-Findung

Ich habe einen Engel gefunden!
Bei Licht beseh`n muss ich gestehn:
Die Engelin fand mich!

Ich suchte im Leben DAS-LEBEN

Ich suchte im Leben DAS-LEBEN
und fand nur Verwesliches vor.
Und im verzweifelten Beben
erstarb mein süchtiges Streben.
Und plötzlich war ich ganz Ohr!
Es sang DAS-LEBEN im Leben
und suchte mich ein-zu-we-ben
in seinen kosmischen Chor.

IN DEM MOMENT

In dem gedehnten MOMENT
hab` ich Dein WESEN erschaut
in all` dem lärmenden Event.

ES war mir im Moment präsent,
hat mir den Eiskönig getaut,
den mir mein Ego auferbaut.

ES war für mich ein Ur-Präsent.
ES hat Dich jäh MIR anvertraut,
um all` das, was Dich von DIR trennt

und Dich noch vor der Zeit ergraut,
zu stoppen gegen solchen Trend,
in dem nur Nichtiges sich braut.

Das große Los

Ich hab' das große Los gezogen,
als ich mich früh für Dich entschieden.
Es kam u r - plötzlich angeflogen!
Ich wurde m i t D i r neu gewogen.
Ein Ungeahntes ließ mich sieden.
Vom Blitz der Selbst - Entgitterung
wurd' ich im Innersten getroffen,
als ich bei schlechter Witterung
in herbstlicher Verbitterung
Dein WESEN schaute,
licht und offen.
Wir fanden
zuein-
ander bald,
erkundeten das
neue Land und
schenkten uns den Liebes-
halt in der uns möglichen Gestalt.
Er hält bis heute für uns stand.

Im Dank

Sieh da! Ein Kelch!
Ein Trank dem Durst.
Nimm hin und trinke,
Schluck für Schluck
und Glück auf
Glück.
Im
Dank
reichst Du
den Kelch zurück.

Auszüge aus einem Brief
an einen guten Freund aus der Studentenzeit *

…. Du weißt, lieber Heiko, dass die Geburt unseres älteren Sohnes mit Komplikationen verlief. Meine Frau musste während der Schwangerschaft mehrmals mehrere Wochen ins Krankenhaus wegen vorzeitiger Wehentätigkeit.

Du kannst Dir vorstellen, wie geschafft sie war, als sich die Geburt endlich ankündigte. Bei der Geburt war ich dabei. Als die Presswehen einsetzten, hatte sie keine Kraft mehr, das Kind herauszupressen. Die Ärzte, bis zu diesem Zeitpunkt ganz ruhig und gelassen, wurden nun hektisch. Ich wurde ziemlich barsch aus dem Kreißsaal hinausgeworfen und mein Sohn wurde ziemlich brutal mit der Saugglocke aus dem Mutterleib herausgerissen. Kannst Du Dir vorstellen, wie mir zumute war? Ich fühlte mich wie in einem Sturm, im Bild gesprochen: Mein Lebensboot wurde kräftig hin und her geworfen.

Etwa eine halbe Stunde später wurde ich in den Kreißsaal gerufen: Man gratulierte mir zur Geburt meines Sohnes. In meine anfängliche Freude mischte sich schnell ein zunehmendes Erschrecken über den seinen Zustand. Er lag da, nackt, ein hilfloses Würmchen, am ganzen Körper blau angelaufen, den Kopf von der Saugglockengeburt wie zu einem Zuckerhut verformt und das Schlimmste, in fürchterlichen Krämpfen zuckend. Ein junger freundlicher Arzt, der mein zunehmendes Entsetzen spürte, bedeutete mir, die Geburt sei schiefgegangen und wir müssten wohl mit einem geistig behinderten Kind rechnen. Ich spürte, wie ich in ein schwarzes Loch fiel. Aus dem Sturm wurde ein Unwetter. Die Verzweiflung begann in mir hoch zu kriechen.

Die frisch gekürte Mutter, erschöpft aber glücklich über die Geburt unseres Sohnes, sah mir alles am Gesicht an. Ihr freudig erwartender Blick erlosch, und als sie die Situation ganz erfasste, fühlte ich, wie auch sie in Verzweiflung fiel.

Ärzte von der Kinderklinik kamen mit einem fahrbaren

Sauerstoffzelt, verpackten unseren krampfenden Sohn und verschwanden. „Wahrscheinlich wird es mehrere Wochen dauern, bis Sie ihr Kind haben können", wurde mir auf meine Anfrage erwidert. Und mit den Worten „Ihre Frau braucht jetzt viel Ruhe" und „Sie können heute Nachmittag wiederkommen" schob man mich aus dem Kreißsaal.

Das Unwetter, in dem ich steckte, tobte gewaltig! Es drohte mich in die Untiefen von Verzweiflung zu treiben. Von allen Seiten stürmte es auf mich ein: Alle Hoffnungen auf ein gesundes Kind zerschlagen! Ein geistig behinderter Sohn! Wie werden wir damit fertig? Und viele Ängste um meine Frau!

Und plötzlich geschah etwas völlig Unerwartetes, etwas Beglückendes und gleichzeitig Erschreckendes, fast Gespenstisches. Der Sturm in mir legte sich, und ich hörte so etwas wie eine innere Stimme, die mir zuflüsterte: „Hab` Vertrauen, hab` einfach Vertrauen!" Es waren nicht nur Worte, es war mehr: Es war ein Durchströmtwerden von diesen Worten mit einem tiefen Gefühl von Vertrauen, von Kraftwellen der Geborgenheit und des Getragenseins, die durch mich hindurch pulsierten. Zuerst war ich erschrocken, mich durchzuckte es, jetzt fängst Du an zu spinnen, jetzt drehst Du durch….

Doch der momenthafte Horror des Gespenstischen wich schnell von mir, denn das Berührtwerden von dieser unerwarteten Kraft war etwas zu Beglückendes. Ich fühlte ganz tief eine Anwesenheit von etwas Unbeschreiblichem, eine Anwesenheit, die mich mit ihren Kraftwellen durchströmte und mir immer wieder anbot: Hab` Vertrauen, hab` einfach Vertrauen, alles ist gut….

Nach einer Weile des staunenden Beglücktseins kamen die Ängste und die Verzweiflung wieder und versuchten, mich einzufangen. Ich spürte, wie in mir eine gewaltige Frage in Richtung der erfahrenen Kraft aufbrach: Wie kann ich die Ängste und die reißende Verzweiflung überwinden?

Als Antwort kamen wieder die strömenden, kräftigenden Worte vom Vertrauen. Eine Gewissheit schwoll in mir an, die Gewissheit, dass alles Ängstigende, Nach-Unten-

Ziehende, Lähmende, Tötende zu schwach ist gegen die Kraft, die ich erfuhr, und dass alle Ängste und alle Verzweiflung überwunden werden, wenn ich mich auf diese Kraft einlasse....

Die Ängste und die Verzweiflung haben mich häufiger zu packen versucht, und wenn ich auf sie schaute, haben sie mich überwältigt. Doch die Erinnerung an die Vertrauenskrafterfahrung hat mir Mut gemacht, dorthin zu blicken, mich dorthin zu richten, umzukehren, und von dorther ist mir Kraft zugewachsen, die drei Wochen der Ungewissheit nach der Geburt meines Sohnes zu überstehen und die Last und das Leid von anderen mitzutragen. Wie Du weißt, haben sich alle Befürchtungen in Bezug auf unseren Sohn verflüchtigt. Er ist ein ganz gesundes Kind geworden....

Des Lebens Sinn

Es stolperte mein Lebenslauf
und schlug erbarmungslos mich hin.
Im Schmerz erwachte ich, stand auf,
gewahrte staunend: Wer ich bin!

Erschaute meinen Ausverkauf
und seinen fraglichen Gewinn
im angestrebten Richtungslauf.

Gewahrte kurz des Lebens Sinn:

Die Aufrichtung in Plusgestalt
und Leben ohne Richtungshalt,
es sei denn in der Aufrichtung!

** In: „Lasse Los: R-Ausgeflogen" S. 52,
Edition LOS Band 3, BoD Norderstedt 2016*

Aufge^w_macht

Ein-
geweckt in Eure Welten
wurd` ich plötzlich aufgeweckt.
So verwundert war ich selten!
Erwachen habe ich geschmeckt!

Und
im Nu
zerbrach der Traum
der beschlaf`nen Illusionen.
Schlage keinen Nebel-Schaum,
will nicht mehr im Dunste wohnen.

Aufgewacht in Nebel-Welten,
habe ich mich aufgemacht:
Wachsein
wird jetzt für mich gelten.

Ich
entkleide mich der Tracht
eingeweckter LEBENs-Waisen,
will mit ihnen nicht vereisen.

Vom tragiktragenden Vertrauen

Der
Mensch,
zum Tragen auserkoren,
ist gleichzeitig tragisch verloren
und findet sich nur
wieder ein
im Schauen
auf das tragik-
tragende Vertrauen.

*Toni Packer: EINSICHT geschieht:
Trotz all der Dinge, die wir tun, geschieht Einsicht

„Vor einigen Jahren kam ein Mann nach Springwater, der mit mir über ein Erlebnis sprechen wollte, das er während des Vietnamkrieges gehabt hatte. Ich hatte ihn nie zuvor gesehen, noch ist er jemals wieder zurückgekommen. Er sah etwas grobschlächtig aus; er sagte mir, er sei Stahlarbeiter. Die Erinnerung dieses Tages in Vietnam war gerade wieder in ihm hochgekommen, und er wollte mit jemandem sprechen, der oder die ihn vielleicht verstehen würde. So erinnere ich seine Geschichte: In Vietnam, nicht sehr weit von dem Ort, wo seine Einheit stationiert war, gab es einen Hügel, der voller Vietcongkämpfer war, und sein Kommandeur war beauftragt, diesen Hügel aus der Luft einzunehmen. Er fragte nach Freiwilligen, aber niemand meldete sich. Also wurden einzelne Namen aufgerufen, und seiner war darunter. >> Du kannst dir nicht vorstellen, wie ich mich in dem Moment gefühlt habe <<, sagte er mir. >> Meine Kniee zitterten so stark, dass ich es kaum zum Hubschrauber schaffte. Ich war total in Panik. << Und dann, als sie flogen und nach dem Hügel suchten, geschah etwas Unglaubliches. Plötzlich fiel jedes Gefühl von Angst ab, und da war nichts als unermessliche Weite und Frieden und Freude und Liebe. - Dies waren vielleicht nicht seine exakten Worte, aber das war die Essenz. >> Und <<, fügte er hinzu, >> wir haben diesen Hügel nie gefunden – er existierte nicht. << Als er zu seiner Einheit zurückkehrte, wollte er unbedingt erzählen, was ihm geschehen war, aber seine Kameraden lachten ihn nur aus. Vielleicht dachten sie, er sei //(S. 48) irgendwie abgedreht, übergeschnappt. Später erzählte er das seiner Frau, und auch sie habe es nicht verstanden. Also – ein Blitz der Einsicht geschieht einem verängstigten Soldaten auf einer Todesmission in einem Hubschrauber. Wir könnten sagen, dass vielleicht der drohende Tod, den er vor Augen hatte, die Ursache war, dass alles von ihm abgefallen ist. Und wenn alles abfällt … - was bleibt dann übrig?"   * Zen-Meisterin

(In: Toni Packer: Das Wunder des Wir, Berlin 2004, S. 48f)

Sich plusgestaltig aufrichten

Und
ur-plötzlich
bricht die **EINSICHT**
ein ins ringende Gehirn,
schneidet den Gedankenzwirn
durch mit ihrem Scheren-Licht**:**

„Ausrichtung - nein danke!
Aufrichtung - ja bitte!"

DAS
zerbricht die Schranke
und führt hin zur Mitte!

Alles
denkerische Ringen ist
vergeblich. Erst die EINSICHT,
sie durchlöst mit ihrem Klingen,
schenkt befreienden Verzicht.

Alles
Ein- + Aus-Richten,
es verhaftet im Bedingten!
Sich plusgestaltig aufrichten,
es befreit aus dem Umringten!

Jäh!

Urplötzliche
Durchkreuzung meiner Wege,
der Drei-Sekunden-Stillstand meiner Welt,
in der das Vorgeplante mir entfällt,
durchlichtet jäh das dämmerige Gehege.

BE**FREMD**LICH

Am frühen Morgen träumt es mir:

Ich sterbe in die G O T T H E I T !

Sie nimmt mich auf ins Jetztseits
und wird mich nun entsorgen
vom ausschließlichen Kreisen
um meine selbstverstrickten
Sichten und meine aus-
erwählten Schneisen.

Ich werde mich
durchlichten
lassen
und führen
auf die neue Bahn,
heraus aus allem Ego-Wahn.

Im Traume konnte ich es fassen!
Es war mir selbstverständlich.
Im Wachen aber bleibt es
mir befremdlich!

Im

NUN präsenter

Plus-

Gestalt

Es träumte mir erneut von GOTT
im Sound der Bilder-Mutation.
Man führte mich auf das Schafott,
wo Gottes - Bilder immer schon
enthauptet wurden nach der Zeit,
in der die eigene Wirksamkeit
die Herzen und die Hirne banden.

Dort habe ich Im-NU verstanden,
warum auch Gottesbilder sterben.

Im Plus-Fluss der Entfaltung des
menschlichen Bewusstseins erben
wir eine offenere Haltung zu der
PRÄSENTEN WIRKLICHKEIT
und eine Klarsicht in der Vielfalt
im Raum und in gelebter Zeit:
Im NUN präsenter Plus-Gestalt.

Traumschilderung
aus einem Brief an einen
guten Freund aus der Studentenzeit *

… Also folgendes träumte mir: „Ich stehe mit drei anderen Menschen zusammen und diskutiere mit ihnen heftig und kontrovers über GOTT.

Meine Position ist die eines aufgeklärten Christen: Ich berufe mich auf Jesus von Nazareth und seine transformatorische Vorstellung vom menschenfreundlichen Gott: GOTT ist den Menschen zugewandt, so vertrete ich, GOTT ist für die Menschen da.

Mein erster Diskussionspartner greift mich massiv an: Das Gerede vom menschenfreundlichen Gott sei alles hirnverbrannter Unsinn, geboren aus einem unausrottbaren Wunschdenken. GOTT, das sei eine fürchterliche Macht, vor der man erzittern müsste vor Angst, und dabei bebt er heftig und zittert vor Angst wie Espenlaub.

Ich versuche dagegen zu argumentieren mit meiner These vom menschenfreundlichen GOTT, vor dem man keine Angst zu haben brauche. Ich berufe mich wieder auf Jesus von Nazareth, der GOTT in seiner Erfahrung als „ABBA", also als: „Wie-ein-Vater-zu-uns" erlebt und verkündet hat.

Doch der Ängstliche bleibt bei seiner furcherregenden Gottesvorstellung und predigt laut den mächtigen und grausamen Gott.

Mein zweiter Diskussionspartner ist ein entschiedener Atheist, jemand, der die Existenz Gottes leugnet. Er lacht uns beide aus und meint, wir hätten uns da in unserer Vorstellung einen Gott gebastelt, den es gar nicht gäbe, ich mir einen menschenfreundlichen, der andere sich einen gräulichen.

Für ihn dagegen, den Atheisten, stehe fest, dass es Gott nicht gebe. Nur schwache Menschen würden sich in ihrer Fantasie einen Gott schaffen, entweder einen hilfreichen oder einen aggressiven, je nach Bewusstseinslage.   Er dagegen sei ein aufgeklärter, emanzipierter Mensch, der sich keinen Gott basteln brauche. - Er ähnelt übrigens Dir, lieber Heiko, in seiner Art und seinen Argumenten.

Nach einer Weile intensiver, heftiger Diskussion zwischen uns dreien schaltet sich der Vierte ein. Er meint, er könne es nicht verstehen, warum wir uns so ereiferten über eine Sache, die ihm völlig gleichgültig sei. Ob Gott oder Nicht-Gott, das sei ihm total egal. Was ihn einzig und allein interessiere, sei Geld, Macht und schöne Frauen. Wir sollten es ihm doch gleichtun, uns für Geld und Sex engagieren und nicht für so einen Unsinn wie die Sache mit Gott, von der man ja sowieso nichts habe.   Wir widersprechen ihm deutlich und massiv. Unsere Auseinandersetzung wird immer härter und aggressiver. Sie wogt hin und her, ohne jemanden zu bewegen, von seiner Position abzuweichen. Wir stehen hart gegeneinander, ein Konsens, eine Übereinstimmung ist nicht in Sicht und auch kaum denkbar.

Da geschieht plötzlich etwas Eigenartiges, Traumhaftes: Es nähert sich uns eine Art Lichtkreis. Zuerst sind wir verwundert. Doch mit zunehmender Nähe fasziniert uns dieser eigenartige Lichtkreis. Als er bei uns angekommen ist, umfasst er mich und umschließt den Angstvollen. In dem Moment, in dem er mein und sein Herz durchdringt und uns verbindet, spüre ich die Anwesenheit einer ungeheuren Liebesenergie und eine mächtige Vertrauens-kraft, die den Angstvollen und mich trägt und uns vereint.

Ich nehme wahr, dass auch der Angstvolle es spürt und - wie vom Blitz getroffen - WISSEN wir in diesem Augenblick beide: Das IST GOTT, der uns berührt, diese Gegenwart einer gewaltigen Liebe, diese bebende PRÄSENZ, die uns umfasst, das ist GOTT.

Wir wissen es einfach, jenseits aller Argumente.

Ergriffen von jener Liebeskraft fallen wir uns in die Arme. Dabei spüre ich ganz tief in mir: Dies` ist unsere Aufgabe: Sich von jener unbeschreiblichen Liebe ergreifen lassen und in ihrer Kraft die Welt umarmen und gestalten!   Das gleiche wiederholt sich in ähnlicher Intensität mit mir und den beiden anderen, dem Atheisten und dem Gleichgültigen. Und jedes Mal wissen wir: DAS IST GOTT !

Erschüttert und ergriffen nehme ich wahr, wie alles in mir jubelt: Es ist mir jetzt offenbar: Das IST GOTT, diese Liebespräsenz, die man mit Argumenten und Begriffen nicht einfangen kann.

Ich gewahre auch die Nutzlosigkeit jeder Diskussion Über-GOTT, wenn man nicht gleichzeitig VON-IHM ergriffen ist und IN-IHM-ZU-IHM erwacht. Zuletzt umfasst uns alle vier der Lichtkreis mit seiner Liebeskraft und lässt uns in der Verbundenheit miteinander die beschriebene Liebes-Präsenz erfahren. Dann weitet sich die Lichterscheinung und durchdringt die Erde, den Weltraum, den Kosmos. Als es mir zu intensiv wird, erwache ich aus diesem ungewöhnlichen Traum mit klopfendem Herzen, bebendem Leib und einem Schluchzen vor Freude und Jubel.

Nachdem ich mich wieder gefangen habe, stehe ich auf und notiere den Traum, denn ich weiß, er enthält eine wichtige Botschaft." ...

* In: „Lasse Los: Seid Ihr noch zu retten?" Kapitel: Als ich das bessere Leben suchte... da träumte mir von „G O t t" - S. 120 ff, Edition LOS Band 4, BoD Norderstedt 2016

Heilend verletzt

Und ich falle aus dem Jetzt,
ohne meist es zu gewahren.
Mit Vergangenem noch vernetzt,
soll in seiner Sicht ich garen.

Und ich gleite aus dem Jetzt,
meistens ohne es zu merken,
weil Zukünftiges mich hetzt,
nur in seinem Sinn zu werken.

Doch es zieht mich stets ins Jetzt,
aus der Haft im Widerpart
in die wache Gegenwart:

Jenes Heile, das verletzt,
was vergangenheitsverwürgt
nicht für gute Zukunft bürgt,
und was zukunftsvergötzt
das Lebendige im Jetzt
digitalisiert zersetzt.

DA - im - NU

Ich saß mit meiner Frau beisammen.
Wir tranken Nachmittagskaffee.
Mein winterliches Grippe-Weh
wollt` mich ins Kranken-
bett verdammen.

Geschwächt ließ
ich sie einfach stehen,
die all-täg-li-che Lebenswelt.
Und es geschah ein lichtes Wehen,
zerblies, was sonst den Atem fällt.

Es lichtete mich ein Erstaunen, in
dem ich - wachgeküsst - mich sonnte,
gebettet wie in weiche Daunen, so-
dass mich Angst nicht packen konnte.

Es zerrte Zeit nicht mehr an mir!
Ich atmete die Offene Weite, in
dem geschenkten Jetzt-und-Hier,
das insgeheim mich einweihte
in das, was in ihm mich befreite
aus aller Trance alltäglich ver-
gitternder Zersplitterung.

Jetztseits-Zipfel?

Jetzt-
seits gewahrt,
offenbart sich
mir   Heilsam-
Tragendes für
einen kurz-
lang-kurzen
Au-gen-blick.
Vielleicht ist
es ein Zipfel,
der   sich
mir,

jetzt
und hier,
inkarnierenden
gipfelfaltigen
Wahrheit?

Im Nu der Jetztseits-Frieden

Der

Krampf endet

Im-

SICH!

Der Kampf wendet sich:

Es spendet sich-im-Nu

der Jetztseits-Frieden.

Jetztseits angekommen!

In mir schweigt es wunderbar!
Kein Gefühlssturm treibt mich um!
Und ich fühl` mich rund und klar,
meine Sehnsucht, sie bleibt stumm!

Ich durchschreit` ein Stunden-Paar,
in dem ich Durchlösung spüre.
Und es ist mir offenbar,
dass ich jetztseits mich nicht führe!

Ich vertrau` dem Ungenannten,
in dem ich mich wiederfinde,
dem ich herzwärts mich verbinde.

In dem Kreis der All-Verwandten
bin ich endlich aufgenommen:
Ich bin jetztseits angekommen!

Liebe Else,

unsere Begegnung während der Winterkur in Bad Meinberg 1997 jährt sich zum vierzehnten Male. Ich nehme dies zum Anlass, Dir noch einmal als jener zu schreiben, DER ich FÜR-DICH hätte sein können, der Wahlbruder, der für Dich in Deinem zukünftigen Leben in geschwisterlicher Weise hätte DA(nk)sein können, hättest Du es wirklich zugelassen. Dein hartnäckiges, ignorantes Ausblenden meiner Anfragen in dieser Hinsicht hat für uns „das Lebensprojekt Wahlgeschwisterschaft" scheitern lassen.

In unserer Geschichte bist Du für mich von Anfang an eine exemplarische Frau gewesen, an der ich vertieft Ent-Täuschung habe lernen können. Am Ende ist mir klar geworden, dass nicht Du, sondern ich mich ent-täuscht habe, weil Du meine Erwartungen auf ein gemeinsames wahlgeschwisterliches LEBEN-im-Leben nicht erfüllen wolltest, was ja Dein gutes Recht war.

Im Folgenden schildere ich Dir meinen Rückblick auf unsere Begegnung in der Kur und die sich daraus ergebende, letztlich zum Scheitern verurteilte, Geschichte:

Am Dienstag, den 25.02.1997, Deinem Ankunftstag in der Kur, platzierte Dich das Küchenpersonal im Speisesaal an den Nachbartisch. Mein Eindruck in den ersten Tagen Deiner Anwesenheit war: Eine hübsche, wohlgestaltete Frau Mitte bis Ende Dreißig, etwas distanziert und unterkühlt – also nichts für mich, der ich mich mit schönen kühl-distanzierten Frauen immer etwas schwer getan habe.

Meinen ersten recht ambivalenten Kontakt mit Dir hatte ich am Mittwoch, den 04.03.1997. Du tauchtest etwas verspätet in meiner vorabendlichen Veranstaltung „Heilende Bücher" auf, in der ich auch meine Music-Textivals zu einigen der Bücher präsentierte. Du hörtest freundlich und aufmerksam zu, stelltest intelligente Fragen und verschwandst vor dem Ende der Büchervorstellung wieder. Von Deiner Erscheinung angetan, über Dein Interesse erfreut, über Dein Verhalten, zu spät zu kommen und zu früh wieder zu gehen, etwas befremdet, traf ich Dich am gleichen Abend nach dem wöchentlichen Filmbesuch wieder.

Ich saß mit den Leuten vom „Dorfplatz" meiner Station in irgendeiner Gastwirtschaft zusammen, als Du Dich zu uns geselltest. Da man Dich kaum beachtete - Du hattest Dich etwas abseits in meiner Nähe platziert - sprach ich Dich an und erlebte nun anstelle der stattlichen Frau ein kleines traurig-einsames Mädchen, das mich im Zusammenhang mit meinen Music-Textivals ziemlich eltern-ich-haft über seine eigenen vor allem musikalischen Erfahrungen belehrte. Nach diesem Gespräch oder eher nach dieser Belehrung, hatte ich wenig Lust, weiter mit Dir in Berührung zu kommen. Der Erstkontakt war enttäuschend verlaufen und verlangte nach keiner Wiederholung. Dies war meine erste Ent-Täuschung mit Dir!

Am darauf folgenden Samstag sprachst Du mich nach dem Frühstück an, ob ich Dir bei Deinen Problemen auch einmal „aktiv zuhören" könnte. Nach mehreren Tagen des intensiven Zuhörens während verschiedener Spaziergänge hatte ich den Eindruck, von Dir nur „benutzt" zu werden: Dein Interesse an mir bestand nach meiner Wahrnehmung allein in meiner Beraterfunktion, nicht aber an mir als Menschen. Als Du mich dann noch Mitte der Woche zu Beginn der Klinikmitarbeiterdemonstration ziemlich kalt abblitzen ließest - so als ob Du mich gar nicht kennen würdest, denn es waren noch Stationsgenossinnen bei Dir - und auch ein weiterer Annäherungsversuch meinerseits während des Demonstrationsmarsches von Dir ziemlich unterkühlt abgeblockt wurde, beschloss ich, den Kontakt mit Dir zu beenden.

Nach dieser zweiten Ent-Täuschung trafen wir uns dann am nächsten Tag nach dem Mittagessen auf den Klinikfluren. So als sei gestern nichts gewesen, fragtest Du mich freundlich, ob wir wieder einmal einen Zuhörspaziergang machen könnten. Eigentlich wollte ich Dir absagen, zögerte aber eine zehntel Sekunde zu lange. Und diese zehntel Sekunde Zögern änderte meinen Weg mit Dir und auch mit mir! Ich weiß noch, wie ich an diesem Nachmittag, während ich mir die Schuhe für den gemeinsamen Waldspaziergang anzog, Dich virtuell laut ansprach mit: „So aber nicht, Else Testlauf!"* Im Laufe des Spazierganges verstärkte deine Selbstinszenierung meinen Entschluss, den Kontakt mit Dir endgültig zu beenden. Meine Motivation, nur als begleitender Berater für Deine Sorgenlage von Dir „benutzt" zu werden, sank gegen Null. Am folgenden Wochenende wollte ich die Gelegenheit suchen, es Dir möglichst schonend beizubringen.

Der nächste Tag, ein Freitag, brachte eine überraschende Wende. Wir waren abends ausgegangen und hatten uns in einer ziemlich überfüllten Eckkneipe voller Rauch und lauter Musik niedergelassen, um etwas zu trinken. Das Flair schien Dir sehr gut zu gefallen, während es mich an meine anstrengende Sozialarbeit im jugendlichen Punk-Cafe erinnerte. Mein Widerwillen gegen dieses rauchige, laute Kneipenfluidum stieg und erzeugte bei mir zunehmend Atembeschwerden und Kopfschmerzen. Nach einer Weile beschloss ich, diesen Abend mit Dir in spätestens zehn Minuten zu beenden, diesen für Dich anheimelnden, für mich aber widerlichen Ort zu verlassen und mich in die Kurklinik zurückzuziehen!

Kurz bevor ich es Dir mitteilen und dann aufbrechen wollte, „geschah es"! Am Tiefpunkt meiner Stimmung kippte meine Wahrnehmung ins extreme Gegenteil und „ich gewahrte das Wesentliche von Dir, von mir, von uns." Ich „sah DEIN-INBILD" und war tief erschüttert und fasziniert. Ich „schaute Dich in Deinem WESEN, Deiner Einmaligkeit, Deiner Liebeswürdigkeit" ... ich könnte unendlich fortfahren, es lässt sich doch kaum wiedergeben.

UR-im-NU-Begegnung

Im NU traf mich: Wer DU BIST!
Mir widerfuhr: Wer ICH BIN,
als ich im NU-MIT-DIR-BIN!

Rudolf Otto, ein berühmter Religionswissenschaftler, hat die Begegnung mit dem Heiligen als „tremendum (Erzittern) und fascinosum (Erstaunen)" beschrieben.

Ich „sah zugleich MEIN-INBILD und alles, was damit zusammenklingt, und ich schaute unsere mögliche Beziehung als einmalige" – wie ja jede Beziehung zwischen zwei Menschen einmalig ist. Und ich wusste sofort, dass ich die Begegnung mit Dir leben und nicht voreilig abbrechen sollte. Das habe ich dann auch versucht. Allerdings habe ich dieses hohe edle Niveau mitmenschlicher Liebe anfangs nicht halten können. Aufgrund meiner aktuell schleichenden Ehekrise bin ich ins erotisch Gefühlige abgerutscht und habe mich so auch in Dich verliebt. Doch das war aufgrund intensiver Bewusstheitsarbeit nach acht Wochen vorbei. Mein Versuch, dann das zarte, wertvolle Geschwisterliche mit Dir zu leben scheiterte allerdings an Deiner Weigerung und Deinem jahrelangen Verstummen. Ich habe es Dir in dem 2004 zugesandten Gedichtbändchen „Verwunde(r)t" (Privatdruck von 2001) beschrieben. Darin verorte ich die dritte Ent-Täuschung mit Dir. Meine erneute Kontaktaufnahme mit Dir nach sieben Jahren und mein über sechsjähriges intensives Bemühen um Dich mit dem Wunsch, die uns in der Kur angebotene wahre Geschwisterlichkeit zu leben, zerbrach erneut an Deiner Ignoranz. Es ist meine vierte Ent-Täuschung mit Dir! Als ich dann mein Ringen „um uns" aufgrund Deiner beredsam-stummen Nicht-Signale und meiner inneren Traumbotschaften beendete, stürzte mich Deine knappe Reaktion noch einmal in eine tiefe Enttäuschung, die fünfte Ent-Täuschung mir Dir. *(Du schreibst in einem kurzen Satz, Du könntest meine Entscheidung verstehen, unsere Beziehung zu beenden. Das war`s also?! Keine Stellungnahme, weder ... noch! Einfach nichts! Totale Ignoranz gegenüber meinem Ringen und meinen Anfragen, meinen Antworten! Kein Kommentar! In einem zweiten Satz bedankst Du Dich höflich und förmlich für meine jahrelange briefliche Zuwendung, Gruß und fertig!)*

Allerdings kippte diese Stimmungslage nach ein paar Tagen plötzlich in eine „Auferstehung aus dem Enttäuschungstod" und ich entdeckte – verwunde(r)t - , dass ich für meine Ent-Täuschungen mit Dir mitverantwortlich bin…

(*Name geändert)

Auszug aus einem Brief - in: „Lasse Los: Verwunde(r)t" Heilsames Misslingen - Testlauf in der Kunst des Scheiterns - S. 133ff - Edition LOS Band 2, BoD Norderstedt 2016

Sein Wesen - Dein WESEN

Du
hast in
mir etwas
bewegt, was
schon betäubt
am Boden
lag.

Kaum hat es sich in mir geregt,
erwachte ich zu neuem Tag
und war entzückt
von Dir.

Denn nur in
Deiner Gegenwart
erlebte ich, was da in mir
sein Wesen trieb auf neue Art.

Doch jenseits dieser Projektion
gewahrte ich Dein WESEN,
das bisher - kaum gelesen
von Dir und anderen -
immer schon
einmalig
in Dir weiter
webt und mit Dir
hin zum Jetztseits strebt.

DAS-WAS   uns übersteht

Weil ich Dein lichtes Wesen schaute,
und Dir im Schauen nahe kam,
und DIR bedingungslos vertraute,
verging mir jede falsche Scham.

Ich hab` mich auf Dich eingelassen,
um Mitmensch Dir und Freund zu sein.
Nach edel-bitt`rer Liebespein
kann ich Dich offener umfassen.

Was uns trotz allem noch verbündet
im Jetztseits vom Gefühlestreit,
ist jenseitig von Raum und Zeit.

Es hat schon vor der Zeit gezündet!
Es bleibt, wenn uns der Tod verweht!
Es ist DAS-WAS uns übersteht!

Jetzt aber bin-ich-drin-dran

Es nimmt in mir jetzt Abschied
von allem Abschiednehmen.
Es singt dazu das Ur-Lied
im Diesseits-Aller-Themen.

Ich bin durchtönt vom Ur-Klang.
Es lösen sich die Schemen.
Ich-Bin jetzt Abschiednehmen
und schau` im Abgesang:

Ich war es von Geburt an
bei jedem   Scheide-Gang.
Jetzt aber bin-ich-drin-dran!

Ich werde sie vermissen

Heut` hab` ich eine Frau geseh`n,
von weitem nur. Doch ihr Gesicht
hat mich berührt! So blieb ich steh`n
und hab` erspürt, was mich besticht.

Sie stand beim Schadstoffmobil,
entsorgte manchen Farbenrest.
Ihr Antlitz und ihr Minenspiel
versprachen mir ein Liebesfest.

Ich hab` mich
schleunigst losgerissen,
denn ich bin ehelich gebunden.
Ich such` kein Glück in neuen Kissen
und wollte deshalb auch nicht wissen,
wer sich da plötzlich eingefunden.
Ich will es weiter nicht umrunden!

Trotz alledem:
Ich werde Dich vermissen!

(Im Herbsturlaub 2000)

Erneu_{ert}

Nach Jahren sehe ich Dich wieder,
ganz zufällig, wie`s meist geschieht.
Wirkst neben ihm so traurig bieder,
dem Manne, der Dich übersieht.

Vor sieben Jahren traf es mich,
als ich im NU Dich-rund-um schaute.
Es tat so gut!   Ich liebte Dich,
was keinem ich zu sagen traute.

Denn beide waren wir gebunden
in unseren langerprobten Ehen.
Wir hätten uns nicht eingefunden
in einem neuen Lie~bes~we~hen.

Nun treff `ich Dich nach Jahren wieder!
Wie einst durchströmt die Liebe mich!
Dir singt es in mir Liebeslieder!

Ich kenn` Dich nicht! Doch lieb` ich Dich!

(Im Herbsturlaub 2007)

Dazu passend:

Frage

Oh Menschenherz, was ist dein Glück?
Ein rätselhaft geborner
und, kaum gegrüßt, verlorner
unwiederholter Augenblick!

Nikolaus Lenau
(Spätromantischer Dichter)

Aus: N. Lenau: Sämtliche Werke und Briefe,
Band 1, Leipzig und Frankfurt a. M. 1970, S. 120

PRÄSENZ-Widerfahrnis am 17.10.2008 gegen 17.00 Uhr bei einem Spaziergang durch den St. Märgener Wald im Breisgau mit meiner „*Taufe als Lasse Los*"

Das Widerfahrnis selbst kann ich nicht beschreiben, es war zu numinos und es fehlen mir die Worte dazu. Im Nachklang habe ich versucht, die Wirkungen auf mich zu umkreisen:

Im
Moment entlässt es
mich aus den alten Haftungs-
formen meiner festen Glaubenssätze.

Und ich wundere mich, wie sehr ich mich selber
inhaftiert hab` in den Bann der Gut-Mensch-Leute.

Und es überprüft mich neu, was von mir zu halten ist.

Und der Trennungsglaube taut und mein Selbstverständnis
schmilzt und die Mühlen meiner Mühen mahlen
nicht mehr wie bisher.

Und der Krampf-Fresser mampft all`
den Krampf der Trennungen
in Übliches und Übles.

Und der Bilder-
stürmer stürmt all` die Bilder,
die den Trennungskult begrün(d)en.

Und das Harte weicht dem Festen und das Feste feiert
neue Feste. Und ich labe mich nicht mehr am Labern.

Ich entlaufe meinem Laufrad und steh` still in der Stille.
Und ich koste, was es kostet, ohne Kosten auszukosten.

Ich entsage allem Sagen, denn Gesagtes wird zum Sarg,
das Ge~kos~te~te gekotzt.

Es verrottet hingerotzt und verliert sein Leuchten.

Die Verstellungen der Vorstellungen
stellen sich nun ihrer Entstellung,
faule Bindung löst sich auf
und die Fäulnis furzt
sich frei.

Jetztseits hebt ein Jubel an

Jetztseits
hebt ein Jubel an,
und es tanzen meine Ketten,
lösen sich aus ihrem Bann,
und ich tanze mit.

Wir retten
uns aus heimatlicher Haft,
die uns lange schon beherbergt,
lassen uns von Jubelkraft
jetzt durchdringen.

Sie bestärkt das
Verlangen, uns zu lösen
aus vertrauterem Gewahrsam
und uns nicht mehr lahm zu dösen,
zu erwachen ins Gewahrsein.

Jetztseits
hebt ein Jubel an,
dem ich stets vertrauen kann!

<u>... und ich erwache traumgeläutert</u> *

<u>Prolog:</u>

Schon lang` treibt mich die Frage um:
Wie wirklich ist die Wirklichkeit,
die wir erfahr`n in Raum und Zeit,
in uns und auch um uns herum?

Wie komponiert uns das Gehirn -
im Dunkel hinter unserer Stirn -
die Welt, an der wir täglich kleben
und bess`res Leben uns erstreben?

Ich wünsch` an der Erkenntnis-Front
mir klare Antwort auf die Fragen,
doch nur im Fragehorizont:
Wie soll ich sinnvoll Leben waagen?

Abstrakte Einsicht brauch` ich nicht!
Sie macht mich doch nur zum Objekt.
Ich suche das Erkenntnislicht,
das mich ins volle Leben weckt.

… Der Traum verklingt! Ich bin erwacht
in eine nie gekannte Helle.
Ich lieg` in einer Lichterpracht
in meinem Bett an jener Stelle,

an der ich morgens stets erneut
erwache und den Tag beginn`.
Doch niemals war es so wie heut`!
Durch mich hindurch fließt Lebenssinn!

Mein Zimmer und das Morgenlicht
und mich gewahre ich als eins.
Da ist kein Ich und nichts ist meins!
Da ist ein funkelndes Gelicht,

das die vertraute Wirklichkeit
mit sanfter Transparenz durchbricht:
Ich bade mich in Seligkeit!
Wer schreibt mir dazu Das-Gedicht?

Die Zeit, wie ich sie sonst erfahre,
steht still, ganz wie ein Wasserstrahl.
Sie ruht im Fließen, ich gewahre
sie jetzt befreit von aller Qual

alltäglicher Verwitterung
auf jener Zeitenfolge-Bahn
der zeitlichen Zersplitterung
im gierverklebten Zeitenwahn.

Und ich bin glücklich, wie noch nie!
Worum ich lebe, weiß ich jetzt!
Ganz wach und still, voll Energie
BIN ICH mit allem Sein vernetzt.

Und WEISS, das ich es immer bin,
auch wenn ich es nicht immer spüre.
IN ALLEM BIN ICH immer drin,
auch wenn ich meistens mich verführe,

als Ego abgetrennt zu leben
von dieser sanften Herrlichkeit,
um mir Mein-Eig`nes zu erstreben
im Kampf mit Welt, Natur und Zeit.

Wie lange ich vom Glück gezehrt,
kann ich im Nachhinein nicht sagen.
Mein Ego hat sich bald gewehrt!
Schon ging dem Glück es an den Kragen!

Vom Kopf her spürt` ich ein Gedränge:
Wie Stangen, die jetzt in mich drangen!
Von Kopf bis Fuß Korsett-Gestänge!
Im Ego war ich neu gefangen!

Ich fand in altbekannten Engen
mich vor in meinem Alltags-Ich,
und abgetrennt - in seinen Fängen -
erschien die Welt mir unwirklich.

Doch als ich aufgestanden war,
verwandelte sich sanft mein Leben:
Viel wacher nahm ich alles wahr,
was mir als Leben aufgegeben.

In der vertrauten Wirklichkeit
gewahrte ich geheimes Weben
von LIEBE, LEBEN, Durchgangsleid,
die sich gemeinsam nur erheben,
um uns in ihren Feuerstätten
als Gold aus allem Erz zu retten.

Epilog:

Wie wirklich ist die Wirklichkeit?
Die Antwort lässt sich nicht erfinden
im denkenden Erkenntnisstreit.
Wir müssen einfach tiefer gründen.

Die Heimkehr ins Konkrete nur
lässt uns im lauschenden Gewahren
mit achtsamer Bewusstheit pur
die Wirklichkeit sich aufklaren.

Den Weg muss jeder selber geh`n!
Die Einsicht kannst Du nur erwerben
im Durchgang durch Dein Ego-Sterben.
Verwandelt wirst Du NUN versteh`n!

(Auszug aus: „… und ich erwache traumgeläutert" in:
„Lasse Los: Im Staunen bin ich freigesetzt" Edition
LOS Band 1 - S. 51ff - BoD Norderstedt 2016

Das
Auge der
Kontemp-
lati-
on

Es
ist offen,
immer schon, keine
Laden - Schluss - Gezeiten:
Das Auge der Kontemplation.
Es bewahrt durch alle Zeiten
seine Unbestechlichkeit.

Es gewahrt nach allen Seiten.
Ihm erklingt die WIRKLICHKEIT.
Es durchdringt auch jene Weiten
ausnüchternder Heilsamkeit. Und
es singt in heller Wachheit
gegen alle Ignoranz.

Es
umringt,
ohne zu streiten,
fordert auf zu jenem Tanz
segenspendender PRÄSENZ,
weist durch alle Sterblichkeiten
hin zu immer grünem Lenz.

Ur-plötzlich EINSICHT

Ur-plötzlich
IST die EINSICHT DA!
Dir Fragliches zerbricht im Nu!
Und jetzseits ist Dir offenbar:
Worin Du bist und auch wozu!

Welt - Bild - Bruch

Und jetztseits bricht mir jenes Bild,
das mich bisher mit Licht erfüllt
auf meinen Über~lebens~wegen.

Es erstrahlt ein anderes Licht, das
durch den Bruch des alten bricht,
und es verspricht den Einen-Segen.

Den Segen, den ich selbst erregen
und ihn auch noch erlegen wollte
auf erzwung'nen Glaubenswegen.

Und ich aufklare in dem Bruch,
und ich gewahre den Geruch
von gestrig~geistiger
Verwesung.

Wahres Sehen im Jetztseits

Ein Moment während eines Besuchs mit meinen Eltern in der Schweiz steigt auf. Ich hatte immer eine schwierige Beziehung zu meiner Mutter. Ich hatte Angst vor ihr. Sie war eine sehr leidenschaftliche Frau mit viel Wut, aber auch viel Liebe. Während dieses Besuchs sah ich sie einmal mir gegenüber im Esszimmer stehen. Sie stand einfach da, und aus keinem mir bewussten Grund sah ich sie plötzlich ohne die Vergangenheit. Da waren kein Bild von ihr und keine Idee davon, wie sie mich sah. All das war weg. Es war nichts übrig außer reiner Liebe für diese Frau. Eine solche Schönheit strahlte aus ihr. Und unsere Beziehung veränderte sich; es gab eine neue Nähe. Niemand hat sie verändert. Es geschah einfach.

Wahres Sehen ist Befreiung jenseits aller Vorstellungen."

Toni Packer (Zen-Meisterin)

In: Toni Packer: Das Wunder des Jetzt, Berlin 2004, S. 59

Das Paradies

In tiefer Stille offenbarte sich
mir, was selten ich gewahrte:
Das Paradies ist HIER-IM-JETZT.
Nur ist es nicht In - Zeit vernetzt.

Es   west   im   Jetztseitigen an, stets
frei vom Raum- und Zeitenbann und
schenkt   sich doch in Raum und Zeit
als   AN-TEST-BA-RE   E-WIG-KEIT.

Und ich gewahr` es hinter Mauern!
Es sucht vor mir sich zu verschließen!

Um ego-frei in ihm zu sprießen, muss
ich noch manches Tief durchtrauern,
in meinen Illusionen sterben,
um MICH-IM-PARADIES
zu erben.

Jetztseits-Widerfahrnis im Sterben

Buchstäblich
mit letzter Anstrengung
hervorgebrachte Worte vor dem Tod:

**„Ich bin überall auf der Welt gleichzeitig
vorhanden…"**

Jean Gebser
(Kulturphilosoph und Bewusstseinsforscher)

Bekenntnis einer uneingegrenzten
Allverbundenheit

In: G. Wehr: Jean Gebser - Individuelle Transformation
vor dem Horizont eines neuen Bewusstseins,
Petersberg 1996, S.262 ff

Es
berührt
mich Freundlichkeit

Es berührt mich Freundlichkeit
für all` das, was mich umstellt.
Ich gewahre, wie die Zeit
stehen bleibt und
Wache hält.

Sie bewacht
ein Liebeswerben, das
mein Innerstes durchdringt.
Ich soll jene L i e b e erben,
die auch mit dem Feinde singt.

Staunend halt ich inne, schau, wie
die Welt sich um mich wandelt,
ohne dass ich sie behandelt.
Und im
Durchatmen vertrau ich
dem, was sich mir offenbart
in solch` wunderbarer Art.

JETZTSEITS FRISCH!

Ach

lieber

frische

Brö t-

chen

~~a l s~~

~~Kuchen~~

~~von ges-~~

~~tern!~~

Im
un-ge-
krümm-ten
Gerade - Jetzt

Ich will nie mehr
am NICHT-MEHR kleben

und will nicht mehr
im NOCH-NICHT schweben.

Ich will vielmehr
im JETZTSEITS leben,
im ungekrümmten
Gerade-Jetzt.

Als Herz-Ass
Im-Jetzt

Sei nicht nur da!
Sei nicht nur dort!
Sei doch nicht so gehetzt!

DU BIST IM - JETZT!

Und wenn Du Dich
im Herz-Ass setzt,
bist Du auch hier,
bist Du auch da:

Du bist im
Jetzt!

Jetztseitiges Lehen

Ich lebe jetzt! Was eben war
das ist vorbei! Und es erbleicht!
Und es vergeht! Ich wär` ein Narr,
wenn ich an das, was ich erreicht,
mein Leben nur noch heften würde.

Ich lebe jetzt! Was nachher ist,
die zu be~wäl~ti~gen~de Hürde
im   zu~künf~ti~gen   Lebenszwist
soll mir jetzt nicht im Wege stehen.

Ich will im J e t z t s e i t s leben
und ihm die Chance geben,
mir jenes jetztseitige Lehen
zu schenken, das mich
atmen lässt und ich
Vergangenes
verdaue
und
Zukünftiges
auferbaue auf
mitgelebter Sonnenbahn
von Ost nach West nach Ost nach West.

Arie des Gewahrens

Halt` an!
Halt` ein! Erfahre,
was Dich stets weitertreibt.
Sei einfach DA
und
gare
in dem,
was einverleibt.

Lass es geschehen, gewahre,
was Dich ins Jetztseits hebt,
ins   lichte   Offenbare,
aus dem sich alles
webt.

Werd`
wach und klar, erspare
Dir all` Dein Eigenstreben
nach selbstgefachtem Beben.

Sei einfach DAnk und wahre
Dein antastbares LEBEN
als längst schon
freigegeben!

In: „Lasse Los: Stillende Stille"
Still werden - In Stille sein - Gestillt sein
Stillend sein - Edition LOS Band 14,
S. 39, BoD Norderstedt 2020

Aufrichtiger mitleben

Die Zeit ist eine Illusion,
sagst Du, es gibt sie nur im Raum,
den wir bewohnen wie im Traum,
sagst Du, und den wir bald schon,
raum-zeit-befreit, verlassen.

Warum aus solchem Traumgeschehen
nicht jetztseits hier erwachen,
fragst Du, warum nicht auferstehen
diesseits vom Zeitenrachen, fragst Du,
jetztseits von Raum und Zeit?

Du willst der Zeit nicht wehren,
sagst Du, Du lässt Dich mit ihr gehen.
Du willst sie nicht verkehren,
sagst Du, willst nicht in ihr verwehen,
wie die, die an den Zeiten kleben.
Du willst, in ihrem Raum befreit,
sagst Du, aufrichtiger mitleben.

Aus-
gang aus dem
Gierverschlossenen

Willst Du vom Leben alles haben,

so wird es sich Dir präsentieren

in seinen vielfältigen Gaben:

Du wirst in Habgier Dich

verlieren!

Und

bist Du

in der Sucht gelandet

im alles-fressenden Verlangen,

ist Dir Dein Leben schon gestrandet:

Du bist im eigenen Patt gefangen!

Die Haftentlassung ist Dir schon

bewilligt. Es liegt nun an Dir,

die angebotene offene Tür zu

wählen als den Weg zum Thron

des Lebens im präsenten Sein,

geschützt vor allem Glitzerschein

des gierverschlossenen Lebens.

Autistenwärts

Tech-
nisch hoch-
gerüstet und
digitalisiert
streben wir
autisten-
wärts.
Und
sollten uns
doch einleben,

jetztseits, ins
Authenti-
sche.

AWARENESS

In

erster Linie

geht es nicht um *Well-*

ness,

sondern um

AWARENESS

Bereit?

Jetztseits schwingst Du durch die Zeit!

B i s t   D u   dazu schon b e r e i t ?

Lässt Du Dich davon durchlichten
und Dich darin auf-
richten?

Um dem
Jetztseits Dich zu weih`n
und in ihm schon ganz zu sein?

Jetztseits schwingt Dich durch die Zeit!

**Werde wach und sei
bereit!**

Bewirtung pur

Bewirtung

ohne

Bewertung ohne **Erwartung**

ohne

Befürchtung!

Bewusst-er-leben

Meine Zeit, sie ist bemessen!
Sie vergeuden will ich nicht.
Und ich darf es nicht vergessen,
dass sie eines Tages bricht.

Dieser Tag kann heute sein!
Während ich bis an die Zähne
mehrfach mich gesichert wähne,
schlägt der Tod vielleicht schon ein!

Solch` ein Sinnen lässt erwachen,
lässt den Tag bewusst-er-leben,
schenkt Distanz zum Zeitenrachen
und zum wohligen Verkleben
am gesicherten Bestreben,
sich letztendlich ein-
zumachen.

Dein Glück

Du suchst Dein Glück vergebens,
folgst Du dem Strom des Lebens.
Das Glück liegt nicht im Strom,
es glitzert nicht im Chrom.

Das Glück ist frei von Zeit,
kommt aus Jetztseitigkeit.

Es bricht ur-plötzlich ein
und lichtet allen Schein,
durch glücksbesessenes Denken
sich selber zu beschränken

Es öffnet sich die Tür
nach innen!

Den Zweifel
bezwei-
feln

Bevor
Du nun verzweifelst,
bezweifel` auch den Zweifel.

Es löst das Zwergfell Dir
und lachend richtest
Du Dich auf
im
Zwei-
fell-freien!

Der Bruch der Wandlung

Was   hat   mich   da   ergriffen?
Wer   hat   mich   eingenommen?

Ich   werde   nun   geschliffen,
gewahre, noch verschwommen,
dass ich mich wandeln werde.
Und dies androht mir Leid!

Ab-weh-ren-de   Ge-bär-de
schützt mich noch eine Zeit
vor dem endgültigen Zerfall
selbstmächtig   zugerichteter
Identität   im   eigenen   All.

Und in den Bruch gewichtiger
Verblendungen, die mich gebannt,
durchscheint mein Kern als Diamant.

Der Warter

Warter ist, wer einfach wartet,
abwartet, wenn Welt entartet,
und, ob Ihr es wohl erratet,
Notwendiges einfach
wartet,
und wenn
Aufheulendes
martert, mit dem
Abheilenden partnert.

Die Akzeptanz geschenkter Rast

Du läufst Dich
tot und merkst es kaum,
das lichte Morgenrot des Mit-
einanderlebens willst Du erzwingen.
Jedoch vergebens mühst Du Dich ab.

Du wirst es nicht erringen!
Du schlägst ihn tot,
den Lebensbaum,
der ohne Not
wohl nur
gedeiht im
Zwischenraum ent-
waffneter Verbundenheit,
jetztseits der Ver-füg-bar-keit.

Wenn Du Dich tot gelaufen hast, nach
Lebensbrot Dich dürstet, vielleicht
erfasst, in Ur-Distanz, Dich, was
Dir droht: Die Akzeptanz
geschenkter Rast!

Die   Noch - Nicht - Welt

Du stehst dabei, in Dich gekehrt, und
schaust als würdest Du jetzt eine
Welt gewahren, in der Konflikte
friedlicher zu lösen sind:
Ohne Gebrüll! Ohne
Gewalt!

Ach,
tröste Dich!
Die andere Welt:
Sie ist die einzig Wahre!
Auch wenn sie sich noch lange
nicht bei uns, mit uns und durch
uns in ihrer ART verwirklicht hat.

Lass Dich davon nicht abbringen, von
Deiner Schau der Noch - Nicht - Welt.
Sie wird sich schon noch durchringen,
auch wenn`s den meisten nicht gefällt.
Du kannst sie mit zur Welt bringen!

Für eine junge, mir unbekannte Italienerin,
die ich beim Konflikt, den ihre Eltern im Hotel am
Gardasee lauthals gegeneinander austrugen, kurz „sah".

Doppelte Selbsttranszendenz

Und
über mich
hin-
ausschreiten! Bei der Sache sein!
Und in Ruhe gewahren,
wie ich tue,
was ich mache,
wenn ich jetzthier
bei der Sache bin!

Eigene Spur-ART

Was treibt Dich an, aus Deiner Sicht,
Dich selbst zu überschreiten,
dem egotrunkenen Leichtgewicht
im Jetztseits zu entgleiten?

Willst Du auf Deinen WEG Dich machen
in Resonanz zum Eigen-LICHT,
heraus aus allem Ego-Rachen?
Was treibt Dich an, aus Deiner Sicht?

Ist es vielleicht die Eigen-SPUR,
die Du-in-DIR gefunden hast,
die Dich umgreift, die Dich erfasst?

Die Dich ermuntert zu dem Schwur,
in Deiner ART präsent zu sein,
und in ihr mit Dir für die Welt
auch ein Präsent zu sein?!

Es ist vorbei!

Ich
spiele Eure Spiele
ganz einfach nicht mehr mit!

Es ist vorbei! Ich ziele nicht
mehr auf jenen Kitt, der
mich an Euch nur bindet,
damit ich Eure Stile
in Eurem Sinne spiele.

In mir, da überwindet sich
nunmehr Schritt für Schritt
auch Euer Starr`n auf Ziele.
Es ist vorbei! Ich schiele
nicht mehr auf den
Profit.

Im
Jetztseits
vom Gewühle
der Spiele hin auf Ziele,
find` ich den neuen Tritt.

Gemeinte Laufrichtung

Das
Lichtende
verdich-
ten!
Auf Nebelndes verzichten!
Sich aufrichten,
nicht aus-
richten!
Das
ist die
Richtung,
die ich meine!

Heilende Gegenwart

Im

Dampfbad

heilender Gegenwart

der abheilende Widerpart

der aufheulenden Lebensart,

die dauerstartet,

atemlos,

ins Eilende.

Hier-im-Jetzt

Vom Immerfort
bloß fort, bloß fort,
zum Hier-und-Dort.

Vom Hier-und-Dort
zum Hier-und-Jetzt.

Vom Hier-und-Jetzt
zum Jetzt-im-Hier,
im Jetztseits neu
geboren.

ICH BIN DAnk!

NUN,
ICH   BIN, UND
des-
halb
bin   ich
weder Teil-des-Problems
noch auch Teil-der-Lösung!

Ich bin da und ICH BIN
DAnk! Und das löst mir
die Probleme

ICH BIN nicht „um zu"

Nur
das ist wahr: Ich
bin
nicht da,
um da-zu-sein.

Ich bin ganz einfach da.

Ich find` mich vor im Da-Sein.
Und darin will ich klar-sein.
„U m   z u" ist Sklaverei.
Ich habe es durchschaut.
Damit ist es vorbei.

Jetztseits
wird neu erbaut
mit wirklichem Gewinn
auf jener Basis des: ICH BIN.

Ich find` mich vor

Ich find` mich vor auf einem Pfad,
der ins Präsentische mich führt.
Ich wandere auf einem Grat,
der aus dem Jetztseits sich gebiert.

Noch stolpere ich manches Mal
und stürze ab und falle tief.
Verwundert lieg` ich krumm und schief
im altvertrauten Trauertal.

Doch dort ist mir nicht Heimat mehr!
Ich weiß um eine andere Wahl,
verlasse die vertraute Qual,
befreie mich vom SELBST-Verzehr.

Ich such` erneut den Aufstiegspfad,
der ins Präsentische mich führt
und finde bald schon jenen Grat,
der aus dem Jetztseits sich gebiert.

Im Jenseits-aller-Themen leben

Und wer
das Jenseits-aller-Themen -
das Jetztseits - sich zum Thema macht,
der zwingt es in die Haft der Schemen
und raubt ihm seine lichte Pracht.

Was Thema wird,
klebt an der
Zeit!

Drum
lässt sich
auch die Ewigkeit
zum Thema nicht erheben!

Doch kannst Du in-ihr-leben!

Jetztseits hier im Zeitenrad
Oder:
Heimkehre ins Konkrete

Ein Jahrtausend geht zu Ende,
übt sich ein schon ins Finale,
kriselt überall, die Wende kommt,
die Kehre ins Transpersonale.

Es ist die Heimkehr ins Konkrete
nach Zeitaltern der Abstraktion.

Wir bestellen unsere Beete
diesseits aller Nur-Fraktion,
aller trennenden Fiktionen,
aller Zeit-ver-fan-gen-heit
der mentalen Restriktionen.

Die Hinkehr ist Konkrete weiht
uns ein, wir finden Heimat,
jetztseits hier im
Zeitenrad.

Jetztseits, stumm,
in Freund-
lichkeit

Ein Olivenhain
lädt mich täglich ein
zum erneuten Meditieren.

Schenkt mir seinen Sonnenpfad
und sein stilles Weggeleit,
mich je neu zu orientieren.

Schweigend in Ergebenheit
wartet er mich und die Saat
in meinem wachen Sinnen.

Wartet, ob sie Keime hat,
wartet das Verrinnen
solcher nichtsnutzigen Zeit:

Jetztseits, stumm, in Freundlichkeit!

(Limone am Gardasee, Sommer 1995)

Jetztseits trennt sich Weizen von der Spreu

Jetztseits IST des Lebens Gipfelpunkt!
Diesseits lebt der Raum im Fluss der Zeit.

Jenseits meint, was nach dem Leben funkt
als die falsch verstand`ne Ewigkeit.

Jetztseits IST schon DA, wonach Du suchst,
die Entfaltung in der Plus-Gestalt.

Was Du erst in Zukunft Dir verbuchst,
ist IN-DIR und schenkt Dir einen Halt.

Jetztseits BIST Du schon, den Du noch fliehst,
weil Du jetztseits Dich noch nicht ertragen kannst.

Jetztseits IST, was immer mit Dir tanzt,
auch wenn Du erfolglos Dich entziehst.

Jetztseits wirst Du immer wieder neu,
Jetztseits trennt sich Weizen von der Spreu.

Letztenendes

Letztenendes endet alles
im endgültigeren J E T Z T.
Ich find` meinen Fall des Falles
jetztseits vor, frei vom Geschwätz
der verschied`nen kollektiven
zeitverfang`nen Konfessionen,
die mit ihren Direktiven
mich nicht atemfreier
wohnen lassen
wollen jetzt-
und-hier.

Ich bin
j e t z t -
seits frei
von ihnen!
Und ich darf
dem Leben dienen.

Das *Präsent(-)sein ist
die Tür, öffnet sich mir,
dass ich mich letztenendes
nicht verlier` egowärts nur
in der Zeit und in der
Vergänglich-
keit.

*Präsent(-)sein meint:
präsent sein, ein Präsent sein

Memento mori

Wenn Du in beruhigten Zeiten
schon das feine Läuten hörst,
dass sich andere vorbereiten,
in denen Du geläutert wirst,
bist Du viel bewusster Dir
und all` Deiner Lebenskreise,
lebst noch aufmerksamer hier
und jetzt, findest eine Weise
immer grüner Achtsamkeit,
für all` das, was lebt und stirbt,
triffst in Unverfügbarkeit das,
was um Dein Tiefstes wirbt
und in Deine Endlichkeit
Ur-Lebendiges entbirgt.

So wird es auch in ruhigen Zeiten
Dich durch Oberflächlichkeiten
auf geheimen Bahnen leiten
und, worum es geht,
Dich weiten.

(Auch als Lied in:
„Lasse Los: ...da muss doch
noch LEBEN ins Leben rein!" Liederbuch,
Edition LOS Band 10, BoD,Norderstedt 2017

Pa~no-
ra~ma-Sicht

Ich will neue Wege finden,
Alt-Bewährtes jetzt zu sagen.
Lass` mich nicht mehr einbinden
in überkomm`ne Schein-Fragen,
die sich nähren vom Zerspalten
der ALL-EINEN-WIRKLICHEIT.

Sie
durch-
scheint in den Gestalten
jetzt-
seitig in
Raum und Zeit.

Doch Du wirst sie nur gewahren,
wenn Du sie unzerteilt anschaust
und ihrer Transparenz vertraust.
So nur wird sie Dich aufklaren
in ihrem ungebrochenen Licht
mit einer Panorama-
Sicht.

Ratschlag für den Tagesanbruch

Doch ich,
mein Freund, ich
brech` die Tage nicht
an mit jener dumpfen Frage:
Wie bloß ertrag` ich ihre Plage?

Denn ich begrüße sie vielmehr,
trotz manchem Kreuz und
mancher Quer, mit
dankenden Gedanken.

So durchstehe ich ihr Wanken
jetztseits aller Stachelranken.

Tun im NUN

Du
wirst seh`n:
Du wirst es tun!
Bist du erst einmal im NUN,
wirst
Du Sinn-
volles tun,
jetztseits hier
aus dem NUN.

Schau im lauschenden
Gewahren

Kehr`
doch heim
ins   Konkrete:
Denk` nicht mehr
soviel: Schau hin,
dass der je konkrete Sinn
vor Dein inneres Auge trete.

Das, was Du konkret gewahrst,
lässt sich denkend nicht ergründen.
Wenn Du   nur ins Denken starrst,
wirst Du Deinen Sinn nicht finden.

Lass` die   wuchernden Gedanken
ihre   Kon-struk-ti-o-nen bauen.
Schütze Dich vor ihren Klauen,
weise sie in ihre Schranken.

**Und
kehr` ins
Konkrete ein:**

Schau im lauschenden Gewahren
jetztseits das präsente SEIN.
Es will sich Dir offenbaren
jenseits aller Denkerein.

Ursprung in der Gegenwart

Jetztseits bist Du immer ganz!
Doch wann bist Du schon im Jetzt?
Lebst Dich aus in der Distanz,
zwei- und drittrangig vernetzt.

Jetztseits bist Du schon im Heil!
Doch wann bist Du jetztseits schon?
Kümmerst Dich um Deinen Teil.
Nur im Ganzen schwingt der Ur-Ton.

Jetztseits, da erklingt er Dir,
schenkt Dir nun beim Lebenstanzen
jene heilen Resonanzen
für Dein Leben Hier-im-Wir.

Jetztseits öffnet sich die Wand,
wenn Du Dich dem Jetzthier schenkst,
Dich nicht diesseitig verrenkst.

Jetztseits zeigt sich Dir ein Land
für die wahre LEBENSART
im Ursprung in der Gegenwart.

Voller Augenblick

Jetztseits
meint
den
vollen
Augenblick,
und nicht nur das
vor-herrschende
Hier-und-Jetzt.

Verwandelte Sicht

Noch sehen Sie die Dinge nicht,
so wie sie sind, vielmehr nur wie Sie sind.
Doch nach dem Gang durch die Verwandlung,
nach Untergang der selbstverfärbten Sicht,
da werden Sie die Dinge sehen,
so wie sie sind im
transparenten Licht,
ganz ohne die Verformung
und jetztseits kultureller Normung.

Weltverständnis

Ich leb` als wandelnde Gestalt in
einer Welt sich wandelnder Gestalten.
Schau ich genau, gewahr` ich bald in
aller Wahrnehmung des Hirnes Walten.

Das Hirn, es komponiert uns Welt:
Harmonikal in tönernen Strukturen.
Wir sind in Zeit ihm zugesellt. Es
tickt im Takt noch offener Figuren.

Es komponiert auf Schritt und Tritt
die Vielfalt unterschiedlicher Gestalten.

Als Muster dient der goldene Schnitt, ver-
einigt mit der Plusgestalt beim Formentfalten.
Ich schau` ihm zu beim Komponieren und
lausch` dem Wandel in den Partituren.

Und im vertieften Meditieren
gewahre ich im Diesseits aller Uhren
das Jetztseits als die WIRKLICHKEIT
der grundbefreiten ANWESENHEIT.

Jetztseits im Leiden

Die Kraft IM-NUN

Weil ich kaum im Jetztseits lebe,
bin ich selten nicht verfangen
in Gespinsten und ich webe
eifrig weiter am Vergangen
und auch am Zukünftigen,
berge mich in Sicherheiten,
verwehre dem Vernünftigen
oft, mich jetztwärts zu geleiten.

Und weiß doch um die Kraft im NUN:
Sie ist mir mehrfach widerfahren im
Als - täte - man - nicht - Tun und im
achtsamen Gewahren dessen,
was mich gerade biegt.

Frei vom Eurigen

Längst nicht mehr dafür!
Nun nicht mehr dagegen:

Ohne Für und ohne Wider
BIN ICH
frei
vom
Eurigen.

Und das Echte, das Euch ziert,
hab` ich lang` schon integriert,
seinen All~An~Spruch negiert
und ins Jetztseits transzendiert.

(Begründung für meinen Kirchenaustritt)

Im Blitz des NUN

Ge-
hetzt im Tun,
gehetzt im
Ruh`n,
hab` ich mich selber fast verloren.
Bis es zerbrach im Blitz des NUN!
Es
starb:
Ich werde
neugeboren
als Adler, nicht
als Suppen-
huhn.

Im NU der Jetztseits-Frieden

Der

Krampf endet

Im-

SICH!

Der Kampf wendet sich:

Es spendet sich-im-Nu

der Jetztseits-Frieden.

Immer-schon-im-Jetzt

Ich bin immer schon Im-Jetzt!

Meistens aber schlaf` ich noch.

Hab` mich oft in Trance versetzt,

leb` noch unter`m Träumerjoch.

Ich Bin Immer-Schon-Im-Jetzt!

Weil ich mich jedoch verkroch,

haus` ich im Verkriecherloch,

an-ge-bun-den, falsch vernetzt.

Ich verlass` jetzt mein Versteck!

Hab` bisher mich unterschätzt

und mich damit selbst verletzt.

Zeig` mich nun am Lebensdeck.

Ich-Bin-Immer-Schon-Im-Jetzt!

In allem hilfsaktiven Tun

Bin ich präsent und schau Im-Jetzt,
dass Gutwilliges auch verletzt,
wird es nur blindwütig
getan
auf seiner
Gute-Taten-
Bahn:

Durch-
leucht` ich
mir den guten Willen
und seine egohaften Brillen,
befreie mich von ihrer Tönung,
der still-verheiß`nen Selbst-Bekrönung.

In solchem EINSICHTs-Sprung präsent
für mich und die Behandelten, lös`
ich mich vom Good-Will-Event
im auflichtend Ge-wan-del-ten.

Ich tanz` Im-Nun die Resonanz
mit allem, was der Hilfe harrt
und halte doch die Urdistanz
der aufrichtenden Gegenwart
in allem hilfsaktiven Tun.

Jen-
seits aller
Jetztseits-Räume

Wir konstruieren uns die Welt
und wissen nicht, dass wir es tun.
Wir bauen uns ein sicheres Zelt,
um darin lange auszuruh`n.

Uns einzunisten in die Zeit,
um sie zu ü~ber~le~ben.
In Krisen nur sind wir bereit,
auch unsere Sichten aufzugeben:

Ohne Intention zu schauen,
wie die Welt wir konstruieren
und uns selbst darin verführen

in die viel zu engen, lauen
L E B E N -Überlebensträume
jenseits aller Jetztseits-Räume.

JETZT-
SEITS BIN ICH
FREI - gesprochen

Was hab` ich falsch gemacht?

Ich finde mich vorgegeben.
Ich binde mich ein ins Beben.
Ich winde mich durch daneben.
Ich schinde mich ab im Streben.
Ich suche meinen Freispruch,
doch suche ich vergebens!
Am Ende nur Verminderung,
vielseitige Behinderung
und selten einmal
Linderung!

Was hab` ich falsch gemacht?

Doch da, im Scheitern, finde ich
mich ein in neuem Edelsein.
Und gleichzeitig gewahre ich
in einem den Freispruch
als immer schon den meinen,
vom Ursprung her gesprochen
und nur von mir gebrochen,
durch mein Bestreben, unbedingt
ihn selbst zu sprechen und umringt
von mir, auf ihn zu pochen als mei-
nen Haftentlassungsschein, ihn,
den ich nur als Edelstein vom
Jetztseits her empfangen kann
als unverfügbaren Vorspann vor
meinem antastbaren Leben.

Was hab` ich falsch gemacht?

Jetzt ahne ich den Sünden-Bruch,
jetzt mahnt mich der ergangene
Spruch, aus ihm - befreit - zu leben.

JETZT-
SEITS aller
Selbstverpfändung

JENES Mich-Durchlösende
ist in der Tiefe mir vertraut.
Doch ES hat im Lebenszwist
selten nur mich auf-er-baut.

Weil ich SEINE Nähe fliehe
und ES deshalb nicht gewahre,
da ich IHM mich stets entziehe,
mich nicht IN-IHM aufklare.

Denn ES würde mich berauben
meiner selbst, in seinen Tänzen
meine Rahmen mir entgrenzen.
Und ES würde mir erlauben,

meine selbstbezogenen Sichten,
meine selbstverliebte Blendung
LEBENSOFFEN auf-zu-lich-ten
JETZTSEITS aller Selbstverpfändung.

Jetztseits echtwärts

Echtwärts wandern wir, jetztseits gezogen,
viele verirren sich, knechtwärts betrogen.
Vereisen im Knechtseits, in Abwärts-Räumen
und ahnen ein Echtseits nur selten, in Träumen.

Und sehnen sich echtwärts in manch` Augenblicken,
wenn sie sich nicht knechtwärts wahnhaft entrücken.

Sie retten kann Jetztseits, wenn sie es zulassen.
Es wird sie neu betten, sie echtseits erfassen
und echtwärts wegweisen in Aufwärts-Gefilde,
sie knechtseits entketten, damit sie enteisen
zum Mensch-Menschen-Bilde.

Leiden überwinden?

Loswerden

durch Abspalten

in Gewahrsam

oder

Loslassen

durch Anhalten

im Gewahrsein?

Morgen-Sog im Sorgen-Wahn

Im
Sorgen-
Wahn verborgen,
da haust der Morgen-Sog.

Er hat Dich stets umworben.

Krümmt er Dich hin auf morgen,
hat er Dich schon verdorben:

Er west im Selbstbetrug!

Wenn er für Dich gestorben,
so kannst Du Dich ent-sorgen
und DICH nun selbst verborgen.

Noch mehr im Nachher?

Es
ist nicht so,
dass erst nachher
es besser ist. Im Jetztseits nur
durchlöst mich eine Heilungskur.
Der Nu zerfrisst die Sucht nach mehr.

Und ich erwache - schaue nun:
Es war. Es IST. Es wird noch sein,
was ich gesucht in meinem Tun.
Ich lasse ab vom faden Schein
vermehrten Lebens im Nachher.

Plusweise kontra Minusschneise

Wer sich nicht annimmt als eine der Plusgestalten,
der reduziert sich selbst: Er wird zum Minuswesen!
Und ihn ergreifen die selbstverachtenden Gewalten,
die strukturell in jedem Minus wesen.

Und was er aufrichten will, das richtet er
an seinen selbstverdrehten Minusweisen ab.
Sein nicht-gewolltes Minuswerk verrichtet er,
so lange, bis er kraftlos wird und schlapp.

Und scheitert er in seinen Minusschneisen,
verachtet er vor allem seine Mitwelt,
die sich - aus seiner Sicht -
ihm in den Weg gestellt.

Er wird noch lange im Minusbann vereisen,
bis ihn die Sonne der Plusgestaltung taut
und er in ihrem Licht sich endlich traut,
als Plusgestalt im Jetztseits zu leben.

Qual und Freude

Das
Zeitnichts
verleiht nichts.

Es schenkt sich,
bedrängt
Dich.

Geschenke gebärend
vermengt sich
die
Qual
mit Freude.

Sich verprassen

Wer die GEGENWART verpasst,

weil er sich in ihr verprasst,

der ver~passt

pri-

mär

SICH

SELBST,

auch wenn er,

weil`s ihm grad` passt,

sich die Gegenwart verpasst,

um auch diese zu verprassen.

So ist es NUN-UM-MICH gescheh`n

Es

ist noch nicht

um mich gescheh`n!

Ich werd` noch manche

EINSICHT schauen, noch

manche   Krise   übersteh`n

im   tragik - tragenden Vertrauen.

Es ist noch nicht um mich gescheh`n!

Ein Lebens-Abschnitt ist zu Ende.

Ich hab` NUN-ENDLICH  eingeseh`n:

ES schenkt sich nur in offene Hände!

Es ist noch nicht um mich gescheh`n!

Ich richt` mich auf im Jetztseitssegen.

Noch eine Strecke werd` ich geh`n

auf ur-alt-neuen LEBENswegen.

So ist es NUN-UM-MICH

gescheh`n!

Verzeitelung der

Zeit

Die

Verzeitelung der Zeit

als Ringen um Unsterblichkeit,

und   die   Ver-zet-te-lung in ihr

als Folge des Gewinn - Verlier-

Spiels mache ich nicht weiter mit.

Es bringt uns alle aus dem Tritt

und Schritt für Schritt verdünnen

wir die angebotene Zeitfreiheit

in neu verlebter Endlichkeit.

Wahn-Weh

Ich
bin erwacht
mit   einem   Schmerz,
den ich bisher ganz selten nur
erlitten hab` in offenen Momenten,
in denen ich präsenter war als sonst.
Es ist das Wahnweh, das mich plagt,
das meinen Lebens - Stil beklagt.

Wie finde ich den Wunderarzt,
der mich entwahnt, den
Schmerz verjagt,
indem
er
mir in meinem
Lebens-Wucher-Wahn
nicht nur die Warnanlage stillt,
damit das Wahnweh nicht mehr brüllt,
mich vielmehr weckt aus aller Wahnver-
fangenheit in meiner mir geschenkten Zeit?

Wie finde ich den wundersamen
Wahnarzt und Entwahner
unser?

Was
frei   macht
im geschenkten NUN

Ich leb` noch in der Dunkelheit,
in der so viele heute leben
und klammere mich an die Zeit.
Mit ihr such` ich ans Licht zu streben.

Doch meine Zeit-Verfangenheit,
sie ist das eigentliche Übel.
Sie hält mich in der Dunkelheit,
so wie ein wandverbundener Dübel.

Um mein falsches Tun zu fassen,
darf ich endlich innehalten,
vom Gestrebe ablassen,

warten, bis es sich entfalten
wird, was mich ohne mein Zutun
frei macht im geschenkten NUN.

Was mich überbrückt

Durch

die   Ris-se

lugt ein Schimmer,

der die Ris-se überbrückt.

Es verstummt mir mein Gewimmer,

denn ich werde jäh beglückt:

Durch die Ris-se

lugt ein Schimmer,

der die Ris-se überbrückt.

Und nur in der Ris-se Bann

hebt mir mein Gewimmer an.

Doch im Blick auf jenen Schimmer,

der die Ris-se   überbrückt,   D A

verstummt mir mein Gewimmer,

denn der Schimmer, er beglückt

mich mit dem, was überbrückt.

(Ein-Schnell-Lese-Gedicht!)

Wenn Du leidest

Wenn Du leidest, halte ein
und gewahre nun Dein Leiden.
Lass Dich leidend einfach sein.
Such` Dich so nicht zu vermeiden.

Schaue, was Dich jetzt bedrängt:
Schmerz, gePaart mit Deinen Sichten,
die - ver-gan-gen-heits-ge-lenkt -
sich in Deine Zukunft flüchten.

Schaue, was Dich jetzt verengt:
Schmerz plus all` die
Leid-Erwartung
und Bewertung, die verrenkt
zu stets frischer Leid-Entartung.

Schaue, was Dich jetzt noch kränkt:
Nur der Schmerz und seine Warnung!
Ein Erwachen, das sich schenkt
als notwendende Enttarnung
allen Leidens!

Epilog

Zeit-Frage

Diesseits? - Jenseits?

Stets In-Zeit!

Jetztseits

aber

zeitbefreit

ES IST GEGEN-
WÄRTIG-
KEIT

In der

Zeit erblühen wir,

welken, fallen nieder.

In der Zeit verglühen wir,

kommen nicht mehr wieder.

Mit der Zeit durchschauen wir:

ES IST GEGENWÄRTIGKEIT!

Zeiten-Knick

Wer nur

im Netz der Zeiten hängt,

wer sich nur in der Zeit verfängt,

wie will der denn den Augenblick

gewahren,   jenen Zeitenknick, in

dem sich Zeit die Freiheit gönnt,

als Zeitbefreite still zu stehen, sich

selbst als Konstruktion zu sehen,

die immer als Nur-Zeit

verrinnt.

Zeitfreiheit

Wenn das Zeitfreie Dich trifft,

bist Du von der Zeit befreit.

Driftet es mit Dir in Zeit,

friert das Zeitbefreite ein.

Und vereist im Zeithaften

und verwaist mit Dir in ihm.

Und verweist doch immer wieder

unter`m zeitbedingten Joch auf

die Freiheit von der Zeit

in der Zeit.

ZEITverrannt AUSgespannt

Die Zeit ist
wie ein Berg. Ihr
Gipfel   IST-IM-JETZT.
Es sei Dein Tageswerk,
trotz allem, was Dich hetzt,
zum Gipfel aufzuschauen
und darauf zu vertrau-
en, dass er,
Prä-
sent-im-Jetzt, Dich
nicht antreibt und hetzt.
Er schenkt Dir im Verweilen
ein Licht durchlöster Sichten,
hilft Dir, Dich aufzurichten,
um nie mehr in die Zeilen
der Zeiten Dich zu bannen,
Dich zeitverrannt nur
auszuspannen.

Für ein umfassenderes Leben

Solang` ich leb`, am Diesseits kleben,
ist nicht genug und reicht mir nicht.
Dagegen nur zum Jenseits streben,
bringt mich vor`s gleiche Strafgericht
der grundfreien ANWESENHEIT.

Das Urteil lautet Haftentlassung
aus allem falschen Haftungsstreit.
Es streicht die Antipodenfassung.

Es schenkt mir jene Plusgestaltung,
in der ich jetztseits leben kann,
jenseits von allem Diesseitsbann
und diesseits aller Jenseitsspaltung.

Das Jetztseits ist mir aufgegeben
für ein umfassenderes
Leben.

Paradies auf Erden

Jetzt-

seits stirbt

von Augenblick

zu Augenblick die Zeit,

mit ihr alle Freuden, alle Qual

und alles Leid.

Jetzt-

seits nur

ist Seligkeit,

Paradies auf Erden!

JETZT-
seits IST das
„GOTTes-
reich"

Jetztseits
ist das Gottesreich,
das der Nazarener schaute.
Präsentisch webend, güteweich,
dem er sich lauschend anvertraute.

Jetztseits ist das Reich der Liebe.
Nur wenn wir es jetztseits lassen,
wird es, trotz der Gegen-
hiebe, uns lebendiger
erfassen.

Immer kommt es auf uns zu,
weicht uns die Verhärtung auf.
Niemals lässt es uns in Ruh`
bei dem egohaften Lauf
durch das antast-
bare Leben.

Jetzt-
seits führt es auf
die Lichtung, will uns liebevoll
erheben in die Präsenz der Aufrichtung.

UMWANDELN

ES

umwandelt

mich schon lange

immer wieder um und um.

Jäh werd` ich nun umgewandelt,

werd` im Jetztseits still ummantelt,

Bin - Von - Ihm erneut umwandet.

ES wird mich in seinem Handeln

weiterhin noch um und um

immer wieder umwandeln.

Worauf es ankommt!

Nicht
darauf kommt es an,
wie lange Du noch lebst.
Nicht darauf kommt es an,
was Du alles noch erstrebst.
Nicht darauf kommt es an,
wie intensiv Du liebst.
Nicht darauf kommt es
an, wie viele Nummern
Du noch schiebst.
Nicht darauf kommt
es an, wie viel Leis-
tung Du erbringst.
Nicht darauf kommt
es an, wessen Lied
Du gerade singst.

Nur darauf kommt
es an, ob Du wach
bist und schon
lebst!

Nur darauf
kommt es an, ob
im Jetztseits Du Dich
webst und voll wacher
Lebensfreude auch
in allen Klängen
bebst!

Bisher in der Reihe Edition LOS erschienen:

(Leseproben bei BoD – www.bod.de und einige Hörproben auf meinem YouTube-Kanal „Lasse Los" unter dem jeweiligen Titel)

Band 1: Lasse Los: Im Staunen bin ich frei gesetzt
Gedichte, Lieder, Texte 2001 - Neuauflage 2016 -
BoD Norderstedt   *Hörproben auf YouTube*

Band 2: Lasse Los: Verwundert
Heilsames Misslingen - Testlauf in der Kunst des
Scheiterns - Gedichte und Briefe 2001, erweiterte
Neuauflage 2016 - BoD Norderstedt

Band 3: Lasse Los: *R*-AUSGEFLOGEN
Ein bunter Abgesang auf einen Kreuzweg in und aus
der real existierenden Kirche! Texte, Gedichte und
Briefe - erste Version 2001 - erweiterte Neuauflage
2016 - BoD Norderstedt

Band 4: Lasse Los: Seid ihr noch zu retten?
Tiefenökologische und spirituelle Gleichnisse als
Music- Textivals - 2001 - erweiterte Neuauflage
2016 – BoD Norderstedt   *Hörproben auf YouTube*

Band 5: Lasse Los: Den Umkehr-Blick wagen
Wort-Bilder und Gedichte - Erstauflage 2016 -
BoD Norderstedt   *Hörproben auf YouTube*

Band 6: Lasse Los: ...dennoch JA zum Leben sagen!
Musik-Text-Collagen zu drei bewegenden tragischen
Schicksalen: Gesine Wagner, Etty Hillesum und Martin
Gray - BoD Norderstedt 2016   *Hörproben auf YouTube
unter: „Gesine Wagner: Im Feuer ist mein Leben verbrannt!"*

Band 7: Lasse Los: Der GEIST weh(r)t (sich,) wo er will!
Abgesang im Übergang zum Aufgang - oder: Den
Frommen entkommen - oder: Angewidert abgewandt
Kirchenkritische Gedichte und Texte - Erstauflage 2017
BoD Norderstedt

Band 9: Lasse Los: Jetztseits leben
Jetztseits im Erleben - Jetztseits im Leben - Jetztseits
im Leiden - BoD Norderstedt 2020

Band 10: **Lasse Los: ...da muss doch noch LEBEN ins Leben rein! Liederbuch -** 71 Lieder aus drei Jahrzehnten mit Noten und Akkordsymbolen - BoD Norderstedt 2017
Hörproben auf YouTube unter: „Bevor es zu spät ist!"

Band 11: **Lasse Los: UMKEHREN oder UMKOMMEN?**
Gedichte und Lieder zur aktuellen ökologischen Weltlage – BoD Norderstedt 2020

Band 12: **Lasse Los: Worum geht es eigentlich?**
Gleichnisgedichte - BoD Norderstedt 2020

Band 13: **Lasse Los: Aufgang im Untergang?**
LEBEN im Leben, im Sterben und im TOD?
UND NUN? Gedichte, Wortbilder, Texte,
BoD Norderstedt 2020

Band 14: **Lasse Los: Stillende Stille**
Still werden - In Stille sein - Gestillt sein - Stillend sein - BoD Norderstedt 2020